Bon tabeu

Te korokaraki iroun Nuseta
Te korotaamnei iroun Michael Magpantay

Library For All Ltd.

Bon tabeu

E moan boreetiaki 2022
E moan boreetiaki te katootoo aio n 2022

E boreetiaki iroun Library For All Ltd
Meeri: info@libraryforall.org
URL: libraryforall.org

Te korotaamnei iroun Michael Magpantay

Atuun te boki Bon tabeu
Aran te tia korokaraki Nuseta
ISBN: 978-1-922895-94-3
SKU02373

Bon tabeu

N na roko n te reirei ni katoaa bongin te reirei.

N na bwaina au
kabooraoi ae itiaki.

N na uotii au
boki ao au bentira.

N na roko
i mwaain te tai.

N na ongotaeka
iroun au tia reirei.

N na ongoraa raoi
iroun au tia reirei.

N na karaoi au
bwai n reirei.

N na kamatebwai
mwaaka n te reirei.

Oh I a maataata raoi!
Antai tabena reireiu?
Bon tabeu.

Ko kona ni kaboonganai titiraki aikai ni maroorooakina te boki aio ma am utuu, raoraom ao taan reirei.

Teraa ae ko reiakinna man te boki aio?

Kabwarabwaraa te boki aio.
E kaakamanga? E kakamaaku?
E kaunga? E kakaongoraa?

Teraa am namakin i mwiin warekan te boki aio?

Teraa maamaten nanom man te boki aei?

Karina ara burokuraem ni wareware
getlibraryforall.org

Rongorongoia taan ibuobuoki

E mmwammwakuri te Library For All ma taan korokaraki ao taan korotaamnei man aaba aika kakaokoro ibukin kamwaitan karaki aika raraoi ibukiia ataei.

Noora libraryforall.org ibukin rongorongo aika boou i aon ara kataneiai, kainibaaire ibukin karinan karaki ao rongorongo riki tabeua.

Ko kukurei n te boki aei?

Iai ara karaki aika a tia ni baarongaaki aika a kona n rineaki.

Ti mwakuri n ikarekebai ma taan korokaraki, taan kareirei, taan rabakau n te katei, te tautaeka ao ai rabwata aika aki irekereke ma te tautaeka n uarokoa kakukurein te wareware nakoia ataei n taabo ni kabane.

Ko ataia?

E rikirake ara ibuobuoki n te aonnaaba n itera aikai man irakin ana kouru te United Nations ibukin te Sustainable Development.

librayforall.org

www.ingramcontent.com/pod-product-compliance
Lightning Source LLC
Chambersburg PA
CBHW040319050426
42452CB00018B/2922